L'Oracle
du cœur sacré
d'Avalon

Textes : © Charlotte Granet.
Peintures et illustrations : © Brucero.
Création maquette et mise en pages :
Bénédicte Souffrant – PCA-CMB.

ISBN : 978-2-7029-2650-5

Note de l'éditeur : L'auteur et l'éditeur déclinent toute responsabilité provenant directement ou indirectement de l'utilisation de ce livre. Les déclarations faites par l'auteur concernant les produits, les processus, méthodes de traitements ne sauraient se soustraire à un avis médical.

www.editions-tredaniel.com
info@guytredaniel.fr
www.facebook.com/editions.tredaniel
@tredaniel_eso

Charlotte Granet & Brucero

L'Oracle du cœur sacré d'Avalon

LE COURRIER
DU LIVRE

27, rue des Grands-Augustins
75006 Paris

À ma fille Ysée,
que toujours l'amour soit ta boussole…

Charlotte

Sommaire

Présentation

L'*Oracle du Cœur sacré d'Avalon* est un outil de guidance qui invite à plonger dans un processus initiatique alchimique sur la Voie du Cœur. Celle-ci s'inscrit dans la lignée de la Rose, lignée spirituelle christique qui a traversé les âges et les continents et s'est ancrée à Avalon, terre sacrée des Celtes, gardienne de sagesses ancestrales.

Cet oracle offre un cheminement initiatique pour t'accompagner à traverser les voiles qui séparent notre monde et les mystères d'Avalon. Les messages des plantes, éléments, archétypes et symboles transmis par les illustrations et les textes de chaque carte t'apporteront une guidance et des conseils afin d'avancer entre ombres et lumière sur ton propre chemin du cœur.

Avalon est bien plus qu'un lieu mythologique lié aux légendes arthuriennes. C'est un lieu éthérique, mais néanmoins bien réel, rattaché dans notre réalité matérielle à la ville de Glastonbury en Angleterre. C'est un portail entre les mondes visibles et invisibles considéré comme le « chakra du cœur » de la terre. Un lieu initiatique de passages et de transmutations. Un lieu de ré-Union entre ciel et terre, rêve et réalité, masculin et féminin. Un pont entre les traditions ancestrales et le monde d'aujourd'hui… et de demain. Un athanor où se rencontrent les différents règnes et éléments afin de donner naissance au Christos, l'enfant de Lumière, en chacun de nous.

Au début de notre ère, les mystères de la Rose et du Christos sont arrivés en terre celtique d'Avalon où ils ont rencontré la sagesse des gardiens et gardiennes des esprits de la nature. Une union a été scellée pour préserver les secrets de la Voie du Cœur afin qu'un jour, lorsque le moment serait venu, ils puissent nous parvenir et que nous puissions retrouver ce chemin d'Amour et de Paix.

Le moment est venu, il est temps de reprendre notre chemin d'évolution en conscience et depuis l'espace sacré du cœur afin de guérir enfin, d'ouvrir nos cœurs et de faire l'expérience de l'Amour divin dans cette humanité. Par nos processus alchimiques intérieurs, nous pouvons nous transformer et transformer le monde pour que, telle Avalon émergeant des brumes, le Royaume de Lumière puisse advenir sur cette terre.

Puisse cet oracle, telle une boussole, t'accompagner sur ton chemin d'éveil et de réconciliation intérieure avec amour et sagesse.

Charlotte

Comment utiliser ton oracle

PRISE EN MAIN

La première fois que tu utilises ton oracle, prends le temps de toucher et regarder chacune des cartes ; puis bats-les pour les mélanger tout en soufflant dessus pour les imprégner de ton énergie et commencer à tisser le lien avec elles.

Je recommande toujours de purifier et consacrer un nouvel oracle ou tarot.

Pour cela, tu peux passer chacune des cartes dans la fumée d'un bâton de plantes purifiantes telles que la sauge, le romarin et/ou la lavande. Puis prends le paquet entre tes mains, place tes mains en prière devant ton cœur et connecte-toi depuis le cœur à ton oracle. Tu peux poser une intention personnelle et/ou dire à voix haute :

« Moi, [ton prénom], je purifie, consacre et donne pouvoir à mon *Oracle du Cœur sacré d'Avalon* afin qu'il me guide avec amour et sagesse sur mon chemin du cœur. *Amen.* »

Puis souffle trois fois sur le paquet de cartes.

Si tu as un autel chez toi tu peux le placer quelque temps dessus.

TIRAGES

Tirage à une carte

La façon la plus simple d'utiliser cet oracle est de faire un tirage à une carte en demandant tout simplement quel message tu as besoin de recevoir aujourd'hui. Aie confiance, tu recevras exactement le message dont tu as besoin. Tu peux ensuite appliquer les conseils de la carte.

Tu peux également tirer une carte en posant une intention particulière. Exemple : Quelle est ma prochaine étape d'évolution sur mon chemin du cœur ?

Attention à toujours poser une question ouverte, l'oracle ne répond pas par oui ou par non. Il ne s'utilise pas non plus pour de la divination. C'est véritablement un outil d'évolution spirituelle.

Tirage à trois cartes

Tirage pour observer ton chemin d'évolution.

Bats les cartes, étale-les devant toi et tire trois cartes :

La première carte représente le passé : elle te parle d'où tu viens.

La deuxième carte représente le présent : où tu en es actuellement.

La troisième carte représente le futur : ce vers quoi tu vas si tu suis les conseils de la deuxième carte.

Tirage à cinq cartes : Le pentagramme d'Avalon

Le pentagramme est une géométrie qui représente une étoile à cinq branches : cinq branches pour cinq éléments, cinq branches pour les cinq sens, cinq branches pour les cinq pétales de la rose de Vénus.

Ce tirage permet d'identifier une problématique et d'y répondre.

Bats les cartes, étale-les devant toi et tire cinq cartes en les disposant selon ce schéma :

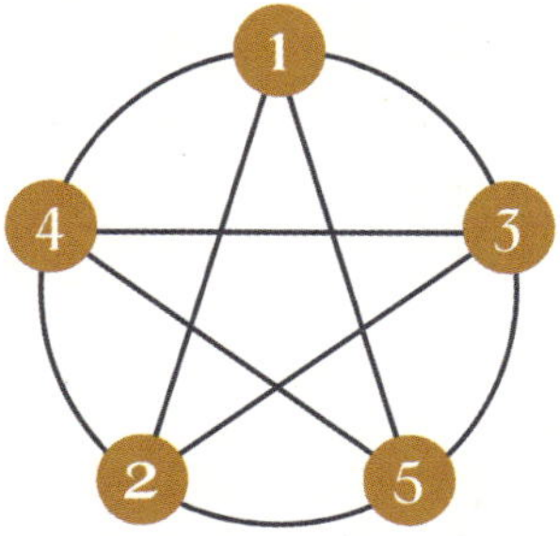

1. La problématique
2. Où j'en suis par rapport à cette problématique
3. Mon défi principal
4. Mes ressources/clefs d'évolution

5. Ce vers quoi je tends (l'issue) si j'active correctement mes ressources

Conseil

Si une carte saute du paquet lorsque tu les bats, c'est qu'elle a quelque chose à te dire, alors regarde son message.

N'hésite pas à créer tes propres tirages en suivant ton inspiration.

USAGE DES PLANTES

Tu trouveras dans cet oracle des propositions autour des plantes afin de profiter pleinement de leurs enseignements et de leur sagesse. Je vais notamment te conseiller parfois d'utiliser des élixirs floraux. Tu en connais peut-être déjà sous l'appellation « Fleurs de Bach ». Les élixirs floraux sont des remèdes vibratoires, c'est-à-dire qu'ils contiennent l'information vibratoire, autrement dit énergétique, des fleurs. C'est une médecine dite informationnelle subtile mais néanmoins très efficace sur le plan psycho-émotionnel. Les élixirs floraux ne contiennent jamais la molécule des plantes dont ils portent l'information (même principe qu'en homéopathie), ils sont donc sans dangers et sans effets secondaires y compris pour les plantes toxiques – qu'il ne faut en revanche ne jamais ingérer sous aucune autre forme bien évidemment.

Les cartes

Trente-six cartes pour vivre un processus alchimique.

En numérologie nous lirons : 3.6/9 ce qui correspond à un processus initiatique portant la fréquence du 3 (et ses multiples).

Le 3 est un chiffre sacré tant celtique que christique (Avalon est un lieu de syncrétisme entre ces deux traditions).

Il correspond également au processus alchimique (les trois œuvres alchimiques : œuvre au noir, œuvre au blanc et œuvre au rouge) qui est le fil conducteur du cheminement initiatique de cet oracle.

I

La Rose

MESSAGE

Je suis la reine des fleurs.

Je suis l'éternelle, l'amour, la quintessence.

Je suis tout à la fois le moyen, le chemin et la destination.

Je suis le mystère tout entier de la création.

Tout a été dit sur moi et pourtant tout reste à découvrir.

Je suis la douceur, la beauté et le parfum de la volupté.

Et je suis la ronce, l'épine, la force et la ténacité.

En moi, on ne peut voir l'un sans l'autre et avoir l'un sans l'autre.

Je suis l'amour et les initiations de l'amour.

Je viens à toi pour te guider sur ce chemin d'amour, pour t'initier véritablement à l'amour.

Je viens à toi pour te permettre de guérir, de grandir, de vivre et d'évoluer dans l'amour.

Pas un amour mièvre et inconsistant, mais le véritable amour puissant et ardent,

Aussi beau, doux et piquant qu'un bosquet de roses au printemps.

Si cette carte vient à toi, c'est qu'il est temps pour toi de rencontrer la médecine de la rose et, si cela est déjà fait, de t'initier à cette médecine sacrée.

Je viens pour t'ouvrir la porte de la terre et des étoiles,

Pour rallumer les codes d'amour qui sont en toi, encore endormis par des siècles d'obscurité.

Si tu as tiré cette carte, c'est pour t'aider à te souvenir que tu portes les codes de la rose dans tes cellules. Tu es de l'amour. Tu portes les vibrations christiques unifiées en toi, alors il est temps pour toi de te souvenir... Te souvenir d'Avalon, des terres cathares, des terres de Palestine et d'autres mondes oubliés qui ont ensemencé le monde d'amour et de lumière pour qu'un jour à travers toi, à travers nous, ils puissent s'éveiller à nouveau et guider l'humanité vers son évolution dans l'amour.

Si tu marches déjà sur la Voie de la Rose, alors ce message te dit que tu es exactement à ta place et tes guides te remercient d'honorer ces énergies.

CONSEIL

Connecte-toi par le moyen de ton choix à l'énergie et la médecine de la rose.

Tu peux demander à recevoir un soin de la rose, utiliser de l'huile essentielle de rose en olfaction, planter des rosiers dans ton jardin, etc.

Si tu en ressens l'appel, c'est peut-être le moment pour toi d'être initié·e à la médecine de la rose et t'engager sur un chemin initiatique spirituel en lien avec la rose.

2

L'Aubépine

MESSAGE

Je suis la clef.

La clef qui te permet l'accès à ton cœur sacré.

La clef qui te permet de franchir les barrières d'épines qui entourent encore ton cœur.

Ce cœur que tu crois blessé, mais qui n'a encore jamais connu l'amour, le véritable amour.

Car crois-moi, l'amour ne fait pas mal. Jamais.

L'amour guérit, l'amour élève.

Jamais il ne rabaisse et jette à terre quoi que ce soit et qui que ce soit.

Alors, quelles que soient tes peines, laisse-moi t'aider à en faire le deuil pour libérer les barrières d'épines et t'amener au cœur. Au cœur de toi. Au cœur de l'amour. Au cœur du divin en toi.

Je viens te dire qu'il est temps pour toi de te libérer du passé et de tes attachements à la souffrance.

Il est temps pour toi de tourner les pages et de faire les deuils qui te sont nécessaires pour accéder à un plus grand niveau de conscience et un plus grand niveau d'amour.

Il ne peut y avoir de résurrection sans passer par le tombeau.

Mais plutôt que d'en avoir peur, avance vers le tombeau avec joie, car tu sais que tu vas renaître dans plus de lumière et d'amour. Alors, ne t'accroche pas, ne retiens rien. Laisse ton cœur blessé, ton cœur gelé, ton cœur blindé derrière toi et laisse ma médecine te réchauffer et te permettre de sentir naître en toi le feu d'amour divin.

Ce message est renforcé si tu as également tiré la carte « La Flamme sacrée d'Avalon ».

CONSEIL

Accepte de vivre un deuil et de laisser quelque chose mourir pour que quelque chose de plus beau puisse naître.

Connecte-toi à l'esprit de l'aubépine lors de tes promenades en nature, en pensées ou en prières.

Tu peux également prendre de l'élixir floral d'aubépine pour t'aider à traverser un deuil (perte d'un proche, rupture amoureuse…).

3

Le Pommier

MESSAGE

Je suis la pureté.

Je suis la Connaissance.

La Connaissance pure, libérée de tous les voiles d'inconscience.

Je suis l'innocence et la Joie.

Je sais que tu as déjà déconstruit beaucoup de parts de toi. Je sais que tu as déjà effectué un travail de l'ombre, une œuvre au noir.

Je suis venu te dire que maintenant tu peux te reconnecter à ta pureté originelle. Ce qui est pur, intact, entier en toi. Quoi que tu aies fait. Quoi qu'il te soit arrivé.

L'heure est venue de faire ton œuvre au blanc. De te purifier, te laver et te redresser dans toute ta splendeur et ta perfection.

N'aie plus peur de rayonner et de te montrer dans toute la Lumière incarnée. Laisse aller la douleur et la noirceur. Ne t'identifie pas à ton passé, celui de ta lignée et même de l'humanité. Libère-toi et laisse-toi toucher par la Grâce de l'Esprit en toi.

Tout est déjà là.

Ce message est renforcé si tu as également tiré la carte « La Licorne ».

CONSEIL

Connecte-toi à l'esprit du pommier et en particulier des pommiers d'Avalon. Tu peux les visualiser en méditation et appeler à toi leur énergie. Tu peux aussi t'appuyer contre le tronc d'un pommier si tu en as près de chez toi.

Une autre façon de te connecter à la médecine du pommier est de prendre un bain dans lequel tu déposes des fleurs de pommier.

Tu peux également faire une cure d'élixir floral de fleurs de pommier.

4

L'Armoise

MESSAGE

Il existe une sagesse très ancienne qui s'affranchit des limites illusoires de l'espace et du temps.

Tu dois apprendre à écouter le chant de tes ancêtres, car ce chant contient tous les savoirs dont tu as besoin. Ce chant vit en toi, il coule dans tes veines, dans le vent et dans les ruisseaux. C'est la sagesse des éléments qui est tout et qui vit en nous. En écoutant ce chant, en te laissant être enseigné·e par lui, tu apprendras la médecine du monde, la médecine de notre terre sacrée. Tu guériras ton corps, ton cœur, ton âme, mais aussi les esprits de l'invisible et du visible.

Je suis la guérisseuse, la vieille, la sage. Celle qui sait et celle qui voit. J'ouvre à la clairvoyance, mais non pour contrôler nos vies et nos destins (vaine illusion), mais pour sentir l'énergie des mondes, faire alliance et œuvrer à l'harmonie du grand tout.

Si tu reçois mon message, c'est que tu dois te reconnecter à la sagesse qui est déjà en toi. Apprends à réécouter le chant du monde en chaque chose et en chaque être afin de prendre ta place et contribuer avec sagesse et conscience à l'équilibre universel.

Attention à ne pas t'illusionner et t'égarer. Attention aux faux prophètes. Tout est déjà en toi. Les plus grands enseignements ne se reçoivent qu'avec le cœur et les plus grands mystères résident dans les choses les plus simples : un brin d'herbe, un lever de soleil, le chant d'un oiseau, le sourire d'un enfant…

« On ne voit bien qu'avec le cœur. »

C'est cela la clairvoyance que je t'offre. Voir clair. Voir simplement depuis le cœur. Là est ma grande sagesse.

CONSEIL

Entre en connexion avec l'esprit de l'armoise. Tu peux prendre de l'élixir floral d'armoise, la boire en tisane, la brûler en encens, l'appeler dans tes méditations, etc., afin de t'ouvrir à ta clairvoyance et recevoir ses messages[1].

1. Attention aux doses toxiques. Souviens-toi que la sagesse est dans la simplicité. Ne pas utiliser en cas de grossesse (sauf sous forme d'élixir floral).

5

La Digitale

MESSAGE

Les êtres humains ont perdu leur reliance sacrée à la nature et à ses esprits.

Vous avez oublié qui vous êtes réellement en oubliant que vous faites partie de cette nature.

Votre orgueil vous a coupés de votre magie et vous ne savez plus entendre les messages des différents règnes du monde et cela a fermé votre cœur.

Vous êtes devenus sourds et aveugles, enfermés dans votre monde chimérique et séparés les uns des autres. Vous avez tout classifié et séparé là où tout est Un.

Pour vous, il existe des « mauvaises herbes » et des « poisons » là où nous, esprits de la nature et des terres sacrées d'Avalon, nous ne connaissons que vie, sagesse, amour et remèdes de guérison.

Cette séparation des êtres humains avec les autres règnes a créé une grande blessure en nous tous, mais la plus grande des blessures est celle de votre cœur, votre cœur brisé de ne plus être relié aux esprits de la nature. Vous êtes comme anesthésiés.

Si cette carte vient à toi, c'est qu'une part de toi, même inconsciente, ressent cette blessure profonde et souhaite s'en libérer. Peut-être que tu as déjà travaillé à guérir tes blessures de cœur, peut-être t'es-tu déjà engagé·e sur la Voie Sacrée du Cœur, mais pourtant il reste au fond de toi cette souffrance due la blessure de la séparation originelle des humains avec les esprits de la nature. Il est donc temps pour toi de plonger dans tes profondeurs et d'aller voir plus loin encore comment guérir cette blessure.

L'esprit de la digitale est là pour te montrer le chemin vers les profondeurs de ton cœur et l'aider à guérir de ses blessures profondes. Il est là aussi pour faciliter ton retour à la maison en t'aidant à sortir de ta matrice artificielle et à te reconnecter avec les esprits de la nature. Ainsi tu te souviendras de qui tu es vraiment. Ainsi tu te souviendras de notre alliance. Ainsi tu reprendras ta place au sein de ce monde fait de merveilles et de magie où tout est interconnecté. Ainsi tu guériras ton cœur blessé et tu pourras t'ouvrir véritablement à l'amour.

CONSEIL

Connecte-toi à l'esprit de la digitale lors de tes promenades dans la nature. Tu peux aussi prendre de l'élixir floral de digitale pour aider ton cœur à guérir de cette blessure de séparation ou te connecter de façon créative à la digitale.

Connecte-toi de la manière de ton choix au petit peuple et esprits de la nature. Demande-leur pardon de les avoir oubliés et fais-leur des offrandes de fleurs et de fruits[1].

1. Attention ! La digitale est toxique et potentiellement mortelle. Ne jamais l'ingérer d'aucune façon.

6

La Morelle

MESSAGE

Tel un fruit défendu, j'attire par ma finesse et ma délicatesse, mais ne te méprends pas, derrière les apparences je suis là pour te rappeler la vigilance et le discernement.

Si je viens à toi aujourd'hui, c'est pour attirer ton attention sur une situation ou une relation qui n'est pas ce qu'elle paraît être. Ce n'est pas parce que l'on marche sur la Voie du Cœur et de l'Amour qu'il faut se laisser berner naïvement.

L'amour commence par l'amour que l'on se porte, par l'amour que l'on a envers soi et par le respect de soi.

Tu es fils/fille du Divin, alors tu dois prendre soin de ton intégrité physique, émotionnelle, psychologique et spirituelle. Tu dois prendre soin de toi et aiguiser ton discernement.

Je ne suis pas là pour te faire peur, mais pour t'alerter.

Je suis là pour t'aider à discerner le bon grain de l'ivraie.

En lisant ces mots, il y a peut-être une situation ou une/des personne·s qui te viennent à l'esprit. C'est un signal. Le signal qu'il y a quelque chose d'« empoisonné », de toxique et de dangereux en lien avec cette situation ou cette/ces personne·s.

Fie-toi à ton instinct, fie-toi à ta sagesse intérieure et ne remets pas ton pouvoir à l'extérieur.

Reste centré·e en toi-même et continue ton chemin en écoutant ton cœur et ton esprit (ce qui est différent de ton mental). Ton esprit et ton cœur doivent avancer main dans la main pour t'aider à continuer ton chemin avec cœur, justesse, droiture et discernement.

CONSEIL

Si tu ressens des doutes concernant une situation et/ou une/des personne·s, prends le temps de réfléchir et de ressentir. Écoute ce qui vient de l'intérieur et non de l'extérieur. Ne te fie pas aux apparences. Plonge à l'intérieur de toi et tu trouveras les réponses dont tu as besoin.

Tu peux également appeler en prière l'esprit de la morelle noire et/ou la prendre en élixir floral afin qu'elle t'aide à discerner le faux du vrai[1].

1. Attention ! La morelle est toxique et mortelle. Ne jamais l'ingérer d'aucune façon.

7

La Belladone

MESSAGE

Je suis belle, envoûtante, ensorcelante et rusée… J'inspire la fascination et la crainte. Beaucoup me veulent, mais peu sont à la hauteur. Mon pouvoir est celui de voir au-delà des illusions, au-delà des apparences. Je suis la belle et je suis la hideuse. J'oblige à voir la Vérité. En moi. En toi. Mais il faut être en mesure d'accepter le feu brûlant de la Vérité. Tous la réclament et pourtant personne ne veut vraiment la regarder en face. Pour cela, il faut faire tomber les masques, ces très chers masques, de nos illusions et nos croyances. Il faut pouvoir mourir à soi-même, se voir nu·e dans nos ténèbres pour retrouver, et oser, notre puissance véritable. Nous ne pouvons trouver notre vérité, notre lumière véritable, si nous nous accrochons à des rêves et des chimères. Voir la Vérité demande de l'authenticité et du courage. C'est un travail de déconstruction douloureux mais nécessaire pour trouver la véritable force et la juste puissance en nous.

Oseras-tu regarder derrière les voiles ?

Oseras-tu te libérer des mensonges sur toi-même ?

Acceptes-tu de regarder l'autre véritablement au-delà de tes propres projections ?

Si tu reçois ce message, c'est que tu as besoin de vivre cette déconstruction en toi pour te rectifier (te rendre droit·e) et laisser passer la Lumière divine à travers toi. Les mensonges (ce que l'on se raconte sur soi, sur les autres, sur la vie) sont des obstacles à la Lumière.

Je suis le poison nécessaire pour mourir à l'ego et devenir aussi pur·e que le cristal.

CONSEIL

Laisse-moi te guider à travers tes ombres pendant trois jours. Connecte-toi à moi en me prenant en élixir floral ou en m'appelant en méditation, visualisation et/ou voyage chamanique.

Si après cela ce message revient à toi, recommence pendant trois semaines.

S'il revient une nouvelle fois, recommence pendant trois mois[1]*.*

1. Attention! La belladone est toxique et mortelle. Ne jamais l'ingérer d'aucune façon.

8

La Mandragore

MESSAGE

Dépose-toi,

Dépose-toi dans ton corps.

Connecte-toi à tes racines et ressens l'énergie des profondeurs de la terre.

Prends une pause. Un instant pour respirer à pleins poumons et sentir le souffle de la vie te traverser.

Je suis l'esprit de la mandragore. Je suis la joueuse, la rieuse.

Je suis là pour te rappeler que tu es de la Vie, de la Terre.

Oui, tu es fait·e d'esprit, mais aussi de chair. Ne l'oublie pas.

Je suis là pour t'aider à t'incorporer, à être dans ton corps.

Bien ancré·e et véritablement incarné·e. *In-carne*. Dans la chair.

Ton corps est un temple et ta chair est sacrée.

Les sorcières le savaient et célébraient leur corps, les corps, comme autant d'objets sacrés, vaisseaux de magie, de puissance et de plaisir.

Mais notre monde, malgré ses apparences (ses appâts rances), méprise et juge encore le plaisir et en particulier le plaisir de la chair.

Si je viens à toi aujourd'hui, c'est pour t'aider à t'ouvrir à la dimension sacrée du plaisir et t'aider à mieux aimer ton corps et ton incarnation.

Je suis là pour t'aider à guérir tes blessures en lien avec ta sensualité et ta sexualité et tout ce qui touche aux plaisirs charnels.

Il est temps pour toi de te libérer de la honte, des humiliations, des croyances et des carcans qui t'empêchent de véritablement jouir de ta vie, de ton corps et qui bloquent le déploiement de ton énergie vitale.

On ne peut vivre une vie souveraine et libre sans un alignement corps, cœur et esprit.

Je suis là pour te rappeler que dans ta quête d'évolution spirituelle, il ne faut pas oublier l'importance du corps et des sens pour atteindre… la quintessence.

CONSEIL

Par le·s moyen·s de ton choix, prends le temps de te reconnecter à ton corps, à ta sensualité et à ta sexualité avec légèreté, bienveillance et plaisir. Si tu sens qu'il est difficile pour toi de ressentir le plaisir sans te juger, tu peux demander l'aide d'un·e thérapeute pour libérer cela.

Tu peux également appeler en prière l'aide de l'esprit de la mandragore et/ou prendre de l'élixir floral de mandragore[1].

1. Attention ! La mandragore est toxique et mortelle. Ne jamais l'ingérer d'aucune façon.

9

La Terre

MESSAGE

Je suis la terre, je suis le socle, celle qui porte et qui nourrit, celle qui permet la vie.

Je suis l'humus, le squelette et les racines.

Je suis la structure nécessaire sans qui rien ne peut exister.

Je suis la manifestation et la stabilité.

Je suis le don et la création.

Dans ta quête spirituelle, souviens-toi de tout cela. Car si ce message vient à toi, c'est qu'il est bon de te le rappeler. Tu ne peux grandir et t'élever en oubliant cette vérité. Tu as besoin de t'enraciner avant de t'élever, sinon tu ne peux résister aux bourrasques et autres vents violents de la vie. Il y a des étapes à respecter et aujourd'hui ce message t'invite à revenir à la terre, à t'y ancrer et t'y enraciner profondément. Tu peux aller marcher dans la nature, poser tes pieds nus sur la terre. Apprends également à cultiver ta terre intérieure pour que, où que tu sois en ce monde, tu te sentes toujours stable et en sécurité. C'est cette stabilité, cet ancrage en ta terre intérieure, qui va te permettre l'ouverture de ton cœur et l'élévation de ta conscience spirituelle. Pour déployer ses branches vers le ciel, tout arbre a besoin de racines profondes.

CONSEIL

Sors plus souvent et va marcher dans la nature. Utilise les méthodes de ton choix pour favoriser ton ancrage (méditation, cristaux, élixirs floraux...) et pour nourrir ta terre intérieure, prends un temps de réflexion pour voir comment sont nourris tes besoins fondamentaux. Comment soutiens-tu ton sentiment de sécurité intérieure ? Que peux-tu mettre en place pour l'augmenter ? Et passe à l'action.

IO

L'Air

MESSAGE

L'air est l'élément du mental, de la pensée, de la floraison des idées et de la créativité. C'est un élément en lien avec la communication.

L'air comme tous les éléments est fondamental à la vie et comme chaque élément, il a besoin de s'exprimer avec équilibre en nous. L'harmonie vient de l'équilibre de chacun des éléments constitutifs de la vie.

Cette carte vient à toi pour souligner qu'en ce moment il est nécessaire de porter ton attention sur l'élément air en toi, car il semble qu'il y ait un déséquilibre soit en excès soit en défaut. Il est possible que tu laisses trop de place à ton mental et tes pensées. Nous vivons dans un monde qui a privilégié le mental sur le spirituel, le physique et l'émotionnel. Notre capacité à raisonner est extraordinaire et c'est ce qui différencie l'être humain des autres espèces de cette planète ; cela dit ce merveilleux outil qu'est notre mental doit être au service de notre évolution alignée corps, cœur et esprit et ne pas prendre le contrôle absolu sur les autres parts de nous-mêmes. Trop de mental nous coupe de notre cœur et de l'expression du divin en nous. Donner la priorité à notre mental, c'est refuser de se laisser guider par notre âme.

Trop d'air assèche. Il faut de l'eau pour que la vie puisse exister. Air et eau, mental et émotionnel, doivent s'équilibrer.

Si, au contraire, tu es débordé·e par tes émotions (excès d'eau), alors cette carte te demande de te fier un peu plus à ton mental pour rationaliser, structurer ta pensée et ta vie et revenir à un état d'équilibre.

L'équilibre est toujours la clef de notre évolution. Nous sommes des funambules qui avancent sur le fil de leur existence dans une recherche constante et nécessaire d'équilibre. Trop de déséquilibre et c'est la chute.

CONSEIL

Si tu es trop dans ta tête, que tes pensées sont en boucle, fais quelque chose qui va te ramener dans le corps. Sors marcher ou courir dans la nature (la nature est toujours d'un soutien fabuleux), mets tes mains dans la terre (jardinage, poterie...), danse, amuse-toi... Fais tout ce qui t'est nécessaire pour revenir dans ton corps et te reconnecter à tes cinq sens.

Tu peux prendre de l'élixir floral de marronnier blanc pour calmer ton mental trop agité.

Si au contraire tu es trop dans tes émotions, lis les conseils de la carte « L'Eau » pour t'aider à prendre du recul vis-à-vis de tes émotions en faisant confiance aux belles capacités analytiques de ton mental.

II

Le Feu

MESSAGE

L'élément feu est un élément essentiel au processus alchimique. C'est l'élément de la transformation et de la purification, de la destruction et de la transmutation. Danse continue entre la vie et la mort, entre Éros et Thanatos.

Le feu par sa force et sa puissance peut nous faire peur, pourtant il nous connecte au feu de la vie, au sacré, au réconfort, à la chaleur qui procure confort et sécurité. Comme dans tout principe, il a besoin d'équilibre.

Ce message vient à toi pour te dire de trouver l'équilibre dans ton feu intérieur. Il ne s'agit pas de le contrôler, au risque de l'étouffer et l'éteindre, mais de le maîtriser de façon à laisser la Vie circuler librement et harmonieusement en toi.

Cette carte te demande de rester connecté·e à ton instinct sauvage, à cette puissance en toi affranchie des conditionnements et qui aujourd'hui a besoin de s'exprimer. Peut-être que tu te brides trop… Il est temps pour toi de suivre tes rêves, tes désirs et de passer à l'action. Ici, ce n'est pas ton mental qui t'aidera, mais bien ta reconnexion à ton instinct.

CONSEIL

Par la technique de ton choix, connecte-toi à ton feu intérieur et laisse-le te montrer la voie vers tes désirs profonds. Tu peux par exemple pratiquer des exercices d'éveil de la Kundalini ou tout simplement danser sur une musique qui t'inspire de façon libre et instinctive pour ressentir le feu dans ton bassin et le laisser circuler dans l'ensemble de ton corps.

12

L'Eau

MESSAGE

L'eau est un élément de purification et de guérison puissant.

L'eau nous renvoie à nos origines, nos profondeurs et notre matrice primordiale.

Sans eau, point de vie…

L'eau nous invite à plus de fluidité, de rondeur, de douceur.

Elle nous invite à laisser aller…

Laisser aller les soucis, les tracas et tout ce qui fait obstacle à notre bien-être.

L'eau libère, nettoie, dissout à l'image des larmes qui nous libèrent de nos trop-pleins d'émotions.

Cette carte vient à toi pour te dire que quelque chose en lien avec tes émotions n'est pas équilibré.

Soit elles sont bloquées et tu n'arrives pas à t'y connecter, te coupant ainsi de ta sensibilité, de ton intuition, ce qui peut même créer des symptômes physiques (tensions, douleurs, kystes, inflammations, etc.), soit elles te débordent totalement et tu te sens noyé·e dedans, perdant tout discernement.

Sache que les émotions sont de précieuses guides. Elles nous permettent de ressentir la vie et d'entrer en relation avec le monde qui nous entoure. Comme l'eau, elles ont besoin de s'écouler librement. Elles nous traversent pour nous informer, mais elles ne doivent pas être retenues, stagner ou tout « inonder ». Là encore, il est question d'équilibre.

CONSEIL

Pour t'aider à te connecter à tes émotions et les libérer, tu peux pratiquer l'écriture automatique.

Écris tout ce qui te traverse jusqu'à contacter tes émotions. Laisse couler les larmes ou crie ta colère si c'est ce dont tu as besoin puis brûle ensuite tes écrits.

Tu peux aussi entreprendre des séances de libération émotionnelle avec le/la thérapeute de ton choix.

Ceci est aussi valable si tu te sens débordé·e par un trop-plein d'émotions. Écrire va te permettre de les « purger » et d'assécher ce trop-plein. Tu peux, si tu es dans ce cas, faire appel à une approche thérapeutique plus analytique qui t'aidera à développer ton discernement et à être moins submergé·e par ton flot émotionnel.

13

L'Éther

MESSAGE

Je ne suis rien et je suis tout.

Je suis le vide sans lequel rien n'existe, dans lequel tout existe.

Tu ne me vois pas et pourtant je suis tout autour de toi et en dedans de toi.

Je suis la présence du Divin.

Je suis le cinquième élément. Celui qui contient tous les autres : terre, air, feu, eau.

Je suis la matrice du monde. Son contenu et son contenant.

Fluide et insaisissable, je suis là pour te rappeler que rien n'est séparé. Tout est Un.

Je suis ce souffle cosmique qui traverse toute chose et tout être.

Si tu reçois ce message, c'est que tu es invité à prendre de la hauteur, à faire un zoom arrière dans le regard que tu portes sur le monde, sur ta vie et sur toi-même. Ne te focalise pas sur les détails et ce qui souligne l'idée de séparation. Souviens-toi que tout cela n'existe pas réellement. C'est un jeu, une illusion, une expérience. Tout est Un. Nous sommes tous reliés. Ne sépare pas. Ne compare pas. Ce qui existe en toi existe à l'extérieur de toi. Et *vice versa*. Ce que tu aimes chez l'autre, tu peux le voir en toi, tout comme ce qui t'irrite en l'autre existe aussi en toi. Reviens au centre, reviens au cœur et tu verras, tout ira bien.

CONSEIL

Connecte ton Esprit à ton Cœur. Ne prends pas les choses trop au sérieux. Ne cherche pas à tout comprendre avec ton mental. Retrouve ta légèreté d'enfant et ta croyance innée que tout va bien. Lâche le contrôle et accepte l'insaisissable, l'impalpable, l'invisible.

Si ce n'est pas fluide, ce n'est pas divin. Alors, lâche, lâche et lâche encore... Laisse-toi porter par la Vie.

Si tu en ressens le besoin, tu preux prendre de l'élixir floral de pâquerette pour t'aider à prendre de la hauteur et du recul sur certaines situations.

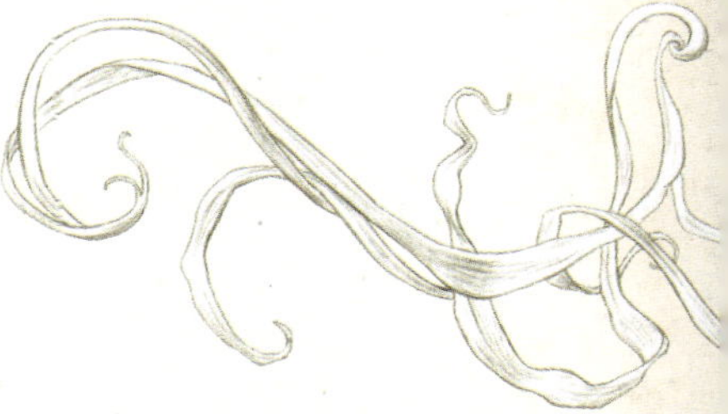

14

Le Roi

MESSAGE

Je suis le roi.

Je suis le représentant de ton masculin intérieur souverain.

Je suis la force, le soutien, la protection.

Je suis aussi le cadre, la structure et la loi.

Je suis puissance et noblesse.

Je suis au Service de l'autre, de toi.

Mais peut-être l'as-tu oublié. Peut-être m'as-tu oublié.

Ou alors peut-être as-tu peur de moi et me rejettes-tu.

C'est vrai que de nombreux rois (et de nombreux hommes) ont dans l'Histoire oublié leur mission sacrée de guides et de protecteurs. Beaucoup ont confondu puissance et pouvoir. Aujourd'hui encore…

Mais aujourd'hui, je te demande de te souvenir de moi et de me réintégrer à ma juste place en ton sein, car je fais partie de toi.

Quel que soit ton genre, cette carte vient te dire qu'il est temps de regarder et reconnaître le roi en toi. Il est temps de guérir ta relation à ton masculin intérieur et de lui redonner sa juste place. Le roi en toi a besoin de retrouver son trône, et grâce à son alliance avec la reine en toi, il pourra reprendre sa mission sacrée au service de ton éveil et de ta croissance. Car un roi a besoin de sa reine et une reine a besoin de son roi. Notre souveraineté intérieure s'appuie et s'équilibre sur ses deux piliers de noblesse et de droiture.

Le message de cette carte est renforcé si tu as également tiré la carte de « L'Épée ».

Il est temps de reprendre ta place et ta puissance. Le roi est là pour te soutenir et t'aider à incarner dans la matière qui tu es véritablement et légitimement.

CONSEIL

Prends un moment calme pour t'interroger sur où tu en es vis-à-vis de ton masculin intérieur, de l'énergie masculine de façon générale et de ta relation avec les hommes. Quelles sont les images, les qualités que tu associes spontanément au masculin ? Est-ce positif ? Négatif ? En fonction de ce qui vient, je te propose de faire un rituel, un soin ou la thérapie de ton choix pour guérir ta relation au masculin, aux hommes et peut-être, si cela résonne juste pour toi, à ton père.

15

La Reine

MESSAGE

Je suis la reine.

Je suis la représentante de ton féminin intérieur souverain.

Je suis principe de Vie et de création.

Je suis réceptivité et intuition.

Je suis le pont entre ton âme et ta présence incarnée.

Je suis danse et mouvement.

Je suis celle qui amène le Feu divin dans le monde.

Je suis celle qui adoube et sacralise.

Je suis celle qui fait le roi.

Mais peut-être as-tu oublié tout cela. Peut-être que tu as cru cette fable qui dit que je suis moins que le roi, que je suis dans son ombre. Mais je ne suis pas un faire-valoir, JE SUIS tout autant que lui. Deux facettes d'une même pièce qui te compose. Différentes, mais complémentaires.

Peut-être as-tu cru aussi que mes qualités féminines ne sont que douceur et vulnérabilité.

Je suis venue te rappeler que je suis moi aussi puissance et noblesse. Sans moi, tu perds ton lien avec le Sacré, avec la Vie même. Sans moi tout devient chaos et stérilité.

Alors, souviens-toi de ma puissance et que cette puissance est tienne aussi.

Cette carte vient à toi pour te demander de guérir ton féminin intérieur et de redonner à la reine qui vit en toi son trône de gloire. Grâce à l'union de la reine et du roi en toi, tu peux retrouver équilibre et harmonie et ainsi t'éveiller à la puissance de l'amour en toi.

Depuis cette union sacrée intérieure, ancré·e dans ta souveraineté, tu peux incarner ta Divine Royauté.

CONSEIL

Prends un moment calme pour t'interroger sur où tu en es vis-à-vis de ton féminin intérieur, de l'énergie féminine de façon générale et de ta relation avec les femmes. Quelles sont les images, les qualités que tu associes spontanément au féminin ? Est-ce positif ? Négatif ? En fonction de ce qui vient, je te propose de faire un rituel, un soin ou la thérapie de ton choix pour guérir ta relation au féminin, aux femmes et peut-être, si cela résonne juste pour toi, à ta mère.

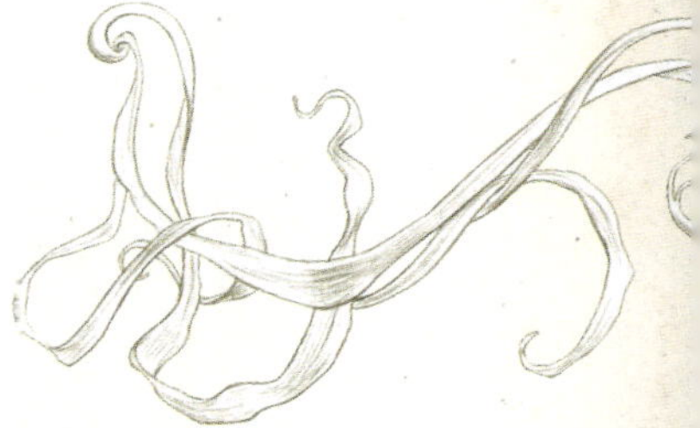

16

L'Enfant

MESSAGE

L'enfant est une Création divine. Il est le fruit de la Vie, le fruit de l'Union des polarités. Il est reliance, il est trait d'union. Il est Joie, il est Amour. Il est innocence. Il est éternité.

L'enfant, c'est la vie renouvelée. L'enfant, c'est l'espérance incarnée.

L'enfant est une offrande d'Amour et de Lumière au monde.

Si ce message vient à toi, c'est qu'il t'est demandé de te reconnecter à l'enfant en toi et à son énergie. Peut-être en grandissant l'as-tu oublié. Peut-être que tu es trop sérieux·se et déconnecté·e de la joie, de ton innocence, ta spontanéité, ta légèreté.

L'enfant est un grand enseignant. Il nous montre que le chemin du cœur est dans la simplicité, bien loin des préoccupations trop sérieuses du monde.

Prends soin de ton enfant intérieur. Peut-être a-t-il besoin de réconfort, de guérison, d'être rassuré... Si tu sens que c'est le cas, tu peux demander l'aide d'un·e thérapeute. Va à sa rencontre et laisse-le te montrer le chemin du Royaume Intérieur. Laisse-le te prendre par la main et te guider vers ton cœur d'enfant du Divin.

CONSEIL

Passe du temps avec des enfants.

Fais des activités que tu aimais quand tu étais enfant.

Reconnecte-toi à tes rêves d'enfant.

17

La Coupe

MESSAGE

Je suis celle qui reçoit, celle qui contient.

Coupe, Graal, calice…

Je suis l'utérus qui contient la puissance de la vie. Celle qui alchimise et transforme les énergies avant de les mettre au monde et les faire matière.

Pour que ma magie soit pure, j'ai besoin d'être vide de tout ce qui n'est pas Lumière de la Source divine. Je suis le vide créateur. Le pont entre l'obscurité du néant et la lumière de la création.

Une coupe ne peut être remplie si elle est déjà pleine.

Ce message vient à toi car tu as été entendu·e. Ton âme appelle plus de Lumière, de

Vérité et de Conscience et la Source divine est prête à t'exaucer, mais je le répète : une coupe ne peut être remplie si elle est déjà pleine. Pour que tu puisses recevoir ce à quoi tu aspires, pour que tu puisses recevoir la lumière de la création en ton sein, il faut que ta coupe soit prête, nettoyée, libérée de tout ce qui l'encombre et la remplit déjà. Il faut que tu acceptes de lâcher tout ce que tu crois déjà savoir, quel que soit l'effort que tu as fait pour en arriver là où tu en es aujourd'hui. Il faut que tu acceptes de déconstruire tes croyances et t'affranchir de ce que tu crois comme acquis et comme vrai. Il te faut vider ta coupe, car aujourd'hui je te le dis, ta coupe est pleine, trop pleine, pour pouvoir recevoir toute la Lumière que la Source divine déverse sur toi. Je sais que c'est difficile, je sais à quel point cela demande de l'humilité, de l'abandon, de la confiance et de la Foi, mais fais-moi confiance, tu as été entendu·e et cette carte vient à toi comme une réponse à tes prières. Nous savons que tu es prêt·e, mais pour recevoir, il te faut d'abord créer l'espace en toi pour recevoir ce cadeau. Ainsi la Lumière, la Vérité et la Conscience couleront en toi tel un Divin Nectar. Ainsi tu t'y abreuveras.

CONSEIL

Prends le temps d'observer tes croyances, positives comme négatives, et d'accepter de les remettre en question. Laisse la place pour que de nouvelles Vérités puissent apparaître.

Tu peux, si tu le ressens, entamer un travail thérapeutique de libération des mémoires transgénérationnelles et karmiques.

Si tu es une femme, tu peux faire un travail de libération et de guérison de l'utérus.

18

L'Épée

MESSAGE

L'épée ne vient pas te parler de guerres et de violences, mais de noblesse, de droiture et de verticalité.

L'épée t'apporte un message de souveraineté.

Tu es à un moment de ta vie où il t'est demandé d'activer en toi et dans ta vie la médecine de l'épée. Il est temps pour toi, dans un aspect de ta vie ou dans une relation, de t'aligner avec ta vérité et ta justesse intérieure. Il est temps de te verticaliser et de te positionner pleinement. Peut-être dois-tu apprendre à dire non ou peut-être dois-tu couper des liens, des relations, croyances ou fonctionnements qui ne te sont plus utiles aujourd'hui et freinent ton évolution.

L'épée t'invite à te reconnecter à ta noblesse et ta souveraineté intérieure. Elle te parle de dignité, de loyauté et de respect. Où en es-tu en toi-même avec ces notions-là ? As-tu peur de ta puissance ?

L'épée ne dit pas qu'il faut s'imposer avec force et violence, mais qu'il est légitime de respecter et faire respecter sa vérité intérieure et ses valeurs de cœur.

L'épée s'équilibre avec la rose. La rose s'équilibre avec l'épée. Aimer ce n'est pas tout accepter. Aimer ne doit pas se faire au détriment de soi. On peut aimer tout en posant des limites saines pour soi. L'épée nous apprend à ne pas transiger avec nos valeurs profondes et la vocation de notre âme.

CONSEIL

Prends un instant pour regarder en toi où tu en es avec les questions soulevées par cette carte et fais appel à la médecine de l'épée pour t'aligner avec ta vérité intérieure.

Tu peux dire à voix haute : « Je demande aux Esprits d'Avalon de m'aider à m'aligner avec la Présence de l'épée en moi. »

19

Le Corbeau

MESSAGE

Noir comme la nuit, je suis le corbeau, oiseau-messager de magie, d'initiation, de transformation.

Symbole de l'œuvre au noir, je suis le guide de celles et ceux qui veulent traverser les voiles de l'illusion et sont prêt·e·s à voyager entre les mondes.

Si je viens à toi, c'est que tu es prêt·e pour une grande transformation intérieure. Peut-être que cela t'effraie mais le moment est venu. Tu es prêt·e à plonger dans tes ombres, à affronter de grandes peurs et à mourir à certaines parties de toi (croyances, schémas, structures obsolètes…) pour aller vers ta plus grande lumière. Ce voyage qui t'est proposé maintenant est une initiation.

Tu n'as rien à faire, mais juste à te laisser faire et à te laisser être. Il n'y a pas de plus grande initiation spirituelle que l'expérience de la vie même, alors abandonne-toi et laisse-moi te porter sur mon dos et te guider dans ce processus alchimique qui te révélera à toi-même. Accepte l'expérience de la vie, quelle qu'elle soit, qu'elle te soit agréable ou pas, accepte avec gratitude ce qui t'est proposé maintenant. Fais ce plongeon dans l'abîme, aussi effrayant qu'il puisse te paraître car, je te le répète, tu es prêt·e.

L'œuvre au noir est un cadeau, le point de départ de toute évolution et je suis là à tes côtés pour te protéger. Je t'offre aussi le don de clairvoyance pour te guider dans cette traversée, alors n'oublie pas que je suis là à tes côtés, tu peux faire appel à moi dès que tu en ressens le besoin.

CONSEIL

Relie-toi à l'esprit du corbeau, tu peux les observer autour de toi s'ils sont présents dans ton environnement ou alors garder cette carte près de toi, peut-être sur ton autel et te connecter au corbeau de cette carte. Tu peux demander en prière à l'esprit du corbeau d'être ton esprit allié durant ton œuvre au noir et de te guider durant cette initiation.

20

La Licorne

MESSAGE

Je suis la licorne, créature magique, symbole d'absolu et de pureté.

Je suis libre, sauvage et indomptée.

Je suis l'Essence divine de la liberté et de la virginité, car je suis entière, immaculée.

En alchimie, je suis le symbole de l'œuvre au blanc, l'étape de purification qui nous permet d'être traversé·e·s jusqu'à être touché·e·s au cœur par la Lumière divine.

Ma corne symbolise ce faisceau de pure Lumière, directe et radicale.

Avec moi, il ne peut y avoir de compromis, de demi-teintes.

Je suis l'exigence de pureté, de Lumière et de droiture.

Si mon énergie vient à toi à travers cette carte, c'est qu'il est temps pour toi de te redresser et de te tenir debout dans toute ta véritable Lumière.

Tu as traversé des épreuves, des douleurs. Tu as franchi différents processus de guérison. C'est une bonne chose d'avoir traversé tes ombres et fait ton œuvre au noir, cela était nécessaire. Prends le temps d'être en gratitude pour cela. Mais il y a un temps pour tout et maintenant il est l'heure pour toi de te détacher de tes ombres, de les laisser derrière toi, pour te verticaliser et laisser la Lumière te transpercer. Cela n'est pas toujours chose aisée, car ce dont nous avons le plus peur, c'est notre véritable Lumière, celle qui nous rend véritablement entiers/entières, autonomes, responsables et libres.

C'est le moment pour toi de vivre cette étape-là et d'entrer dans ton œuvre au blanc.

CONSEIL

Par le moyen de ton choix (méditation, visualisation, voyage chamanique…), va à la rencontre de l'esprit de la licorne et demande-lui de te guider, de t'initier et de te soutenir au cours de ton œuvre au blanc. Elle peut ainsi devenir ton esprit allié durant cette étape de ta vie.

Cette carte étant en lien avec celle du pommier, tu peux prendre de l'élixir floral de fleurs de pommier pour te soutenir dans cette étape de ton processus alchimique intérieur.

21

Le Lion

MESSAGE

Le lion vient te parler de la royauté de ton cœur, de la royauté que tu portes en toi parce que tu es un·e enfant de la Source divine.

Il ne s'agit pas d'une prétendue royauté prétentieuse issue de l'ego – et tu as peut-être peur de cela –, mais bien de la Royauté de ton Essence divine.

Cette carte vient à toi pour te rappeler que tu es un soleil, un roi, une reine (c'est d'autant plus vrai si tu as également tiré une de ces trois cartes !). N'aie pas peur de briller, de rayonner. N'aie pas peur d'être vu·e dans toute ta Divine Lumière. Offre généreusement cette Lumière au monde, car le monde a besoin de ta Lumière singulière. Ce sont les peurs de l'ego qui te font la cacher, la dissimuler et te raconter que peut-être tu n'as rien à offrir de spécial, que peut-être tu n'es pas légitime.

Il t'est maintenant demandé d'avoir le courage de vivre depuis la puissance de ton cœur en toute souveraineté. Notre monde a besoin d'hommes et de femmes aussi courageux·ses et majestueux·ses que le roi des animaux.

Nous te demandons d'oser t'affirmer et d'assumer avec fierté ta couronne. C'est le moment de prendre ta vraie grande place.

CONSEIL

Ose faire quelque chose que tu n'oses pas faire par peur. Ce doit être quelque chose que ton cœur désire vraiment. Cela peut-être le fait d'exprimer tes sentiments à une personne, écrire des textes, composer une chanson, monter sur scène, créer une nouvelle activité, vivre un nouvel amour, t'engager sur un chemin spirituel.

Demande-toi ce que, là, maintenant, tu désires vraiment et pose une action dans le sens de la réalisation de ce désir. Ne laisse pas la peur te saboter une nouvelle fois. Tu mérites le meilleur et tu en es capable.

22

Le Phénix

MESSAGE

Le phénix vient te parler de ta résurrection.

Après une période difficile ayant nécessité des deuils et des transformations, tu es en train de renaître à toi-même ou tu es sur le point de le faire.

Tu es passé·e d'une rive à l'autre, d'un état à un autre. Tu as traversé la mort et le feu sur des plans symboliques et as vécu des tumultes intérieurs et peut-être même extérieurs. Tu peux te sentir exsangue, mais sache que tu as réussi la traversée et le moment de ta résurrection est venu.

Tout est cycle. Tout est mouvement dans une spirale infinie Vie-Mort-Vie. Cette carte est là pour te rappeler cela, pour que tu te souviennes que la magie du phénix vit en toi comme en toute vie. Rien ne meurt, tout se transforme.

Alors oui, le chemin n'est pas terminé, mais tu viens de terminer une initiation qui t'a fait évoluer. Prends le temps d'honorer cela. Comme le phénix qui est en train de renaître de ses cendres, tu es invité·e à faire une pause pour apprécier en conscience ce temps de renaissance avant de déployer tes ailes et t'envoler à nouveau vers plus de Lumière encore. Il y a un temps pour tout et il faut pouvoir vivre et apprécier chaque instant. Prends conscience de ta force et de ta puissance.

Si tu as également tiré la carte « La Flamme Violette », c'est que tu es au cœur d'un processus de transmutation profonde. Tu peux lire durant cette période la phrase donnée sur la carte « La Flamme Violette » pour te soutenir dans cette traversée.

CONSEIL

Appelle l'esprit du phénix en soutien et dis à voix haute :

« Tel un phénix j'accepte de mourir à moi-même pour me transformer et renaître dans ma plus grande perfection possible à ce jour. Je crois en la Vie éternelle et je m'abandonne à mon processus de résurrection intérieur selon la Volonté divine. Amen. »

23
Le Soleil

MESSAGE

Le soleil réchauffe la peau et les cœurs. Le soleil permet de pousser, grandir et croître. Le soleil nous permet de voir et d'être vu·e·s.

Le soleil facilite et encourage la vie. Tout semble plus simple, plus facile, plus fluide au soleil.

Le soleil, c'est la joie, la spontanéité, le plaisir de partager.

Le soleil, c'est la légitimité, la visibilité.

Le soleil, c'est le père aimant, l'homme au cœur généreux.

Le soleil, c'est le rayonnement et la douceur de vivre (la vie n'est-elle pas plus douce au soleil ?).

Si cette carte vient à toi, c'est pour te dire que tu es baigné·e d'une aura solaire. Tu es une personne solaire, rayonnante, inspirante. Ta lumière attire à toi les personnes et les situations dont tu as besoin pour continuer à rayonner et croître. La chance est avec toi, la vie te soutient et soutient tes projets. Continue à oser être comme tu es. Continue à rire, danser et chanter la vie avec insouciance, bonheur et légèreté. Tu es libre d'être ce que tu es. Ne laisse rien ni personne (pas même toi-même) diminuer ta lumière. Tu es tel le soleil. Tu illumines les cœurs et les esprits. Tu illumines la vie et le monde a besoin de personnes comme toi.

Si tu ne te reconnais pas dans ce message, alors cette carte t'invite à te regarder avec un nouveau regard. À te regarder tel·le que tu es vraiment. Car oui, tu es ce soleil, mais peut-être que tu ne le laisses pas briller. Peut-être qu'il est voilé par des nuages. Peut-être que tu prends la vie, les choses ou une situation particulière avec trop de gravité. Ne prends pas tout cela trop au sérieux. Ne te prends pas trop au sérieux. Détends-toi et profite de la vie, de ses plaisirs et de ses bienfaits. Elle n'a pas à être une expérience grave et douloureuse. Ton chemin d'évolution spirituel non plus. Reconnecte-toi à ton enfant intérieur, reconnecte-toi à la joie, la lumière et la chaleur en toi. Deviens ou redeviens ce soleil et ose rayonner ta belle lumière sans honte et sans restriction.

CONSEIL

Expose-toi aux rayons du soleil, laisse ton corps se nourrir de sa lumière et de sa chaleur. Médite au soleil et laisse son énergie entrer en toi jusqu'à nourrir chacune de tes cellules. Visualise que tu deviens le soleil.

Fais des activités qui te mettent en joie et partage cette joie avec d'autres. Chante, danse, joue, fais l'amour... Partage ton énergie solaire avec le monde.

24
La Lune

MESSAGE

La lune est mystérieuse, fascinante, changeante.

Depuis la nuit des temps, elle nous captive.

Tantôt inspirante, tantôt effrayante.

Ici elle vient te parler du mystère, des mystères, de ce qu'il y a de secret et caché en toi.

Peut-être des mensonges aussi... De ceux que tu te racontes à toi-même et qui t'empêchent de rayonner ta vraie Lumière. Ou encore de parts de toi que tu te caches par peur, par honte ou sentiment de ne pas être à la hauteur.

Quoi qu'il en soit, cette carte vient te parler de tes ombres et de ce qui dans ton inconscient a besoin d'être amené à la lumière de ta conscience. Car en ce moment, quelque chose en toi te sabote et t'enferme dans des fonctionnements négatifs pour ton évolution. Quelque chose a besoin d'être révélé. Tu peux t'inspirer de l'énergie de la carte « Le Soleil » pour cela.

Il est possible que tu t'illusionnes sur une situation, un projet ou une personne actuellement. Tu es donc invité à faire un travail d'introspection, peut-être avec l'aide d'un·e thérapeute, pour mettre en lumière tes ombres. Si cette carte vient à toi maintenant, c'est que tu es prêt·e et grâce à cela tu vas pouvoir passer un cap d'évolution et entamer un nouveau cycle de ta vie.

Le message de cette carte est renforcé si tu as également tiré la carte « La Belladone ».

CONSEIL

Lors de la prochaine nouvelle lune, demande à la lune de t'aider à conscientiser cette part d'ombre qui attend d'être mise en lumière. Tu peux noter les rêves et les prises de conscience que tu auras durant ce cycle lunaire. Sois particulièrement attentif·ve à ce qui surgit à ta conscience durant la pleine lune de ce cycle.

Tu peux t'aider de l'élixir floral de belladone pour dépasser tes illusions et faire face à la vérité qui demande à être révélée (voir la carte « La Belladone »).

25

L'Étoile

MESSAGE

Je suis l'étoile et je brille au firmament des cieux.

J'éclaire la nuit de mon doux éclat lumineux.

Je suis un repère dans l'obscurité. Grâce à moi, tu peux t'orienter et trouver ton chemin.

Je suis le guide céleste de ta route terrestre.

Je viens à toi pour t'apporter un message de réconfort.

Peut-être te sens-tu perdu·e, peut-être es-tu dans la traversée des Brumes d'Avalon.

Je viens te rappeler que les êtres humains sont faits de poussière d'étoiles.

Le ciel et la terre ne sont pas séparés. Ce qui est en haut est comme ce qui est en bas.

Alors, n'oublie pas que tu portes le ciel et la terre en toi. Tout l'Univers vit en toi.

Tu es invité·e à te connecter à ta boussole intérieure, à ton étoile du Nord.

Ainsi tu ressentiras que tu n'es jamais vraiment perdu·e ou abandonné·e.

Tu es guidé·e et protégé·e.

« Personne ne naît sous une mauvaise étoile, mais les gens ne savent pas lire le ciel. »

LE DALAÏ-LAMA

Mon message est de te rappeler de croire en ta bonne étoile. Alors, si tu traverses une période difficile, une période de doute, je te demande de garder la Foi, car il existe un Plan et un Rythme divins. Garde ton cap, suis ta boussole intérieure et laisse l'étoile te guider.

CONSEIL

Trouve un talisman en forme d'étoile ou fabriques-en un en dessinant une étoile sur une feuille, un caillou, un coquillage par exemple. Pose l'intention que ce talisman soit relié à ton étoile intérieure. Garde-le sur toi ou près de toi. Lorsque tu te sens perdu·e, touche et regarde ton étoile pour te relier à ta guidance intérieure.

26
Le Chemin

MESSAGE

Je suis le chemin, la route qui te mène d'un point à un autre dans ta vie, d'un espace à un autre en toi. Parfois ligne droite, souvent sinueux, parfois aussi doux qu'une vallée, parfois aussi ardu qu'une randonnée en haute montagne, toujours une expérience à vivre, si possible le cœur léger et dans la joie du voyage proposé.

La vie est un chemin. Le chemin est la Vie. S'il nous mène d'un rêve à un autre, d'un projet à un autre, d'un résultat à un autre, il est en lui-même réalisation et accomplissement. Le chemin est une œuvre alchimique, un processus qui nous transforme profondément et nous révèle à nous-mêmes.

Croire que l'on peut être et devenir sans faire l'expérience du chemin intérieur parcouru est une tromperie de l'ego. Dans l'expérience spirituelle qu'est l'incarnation, il faut accepter et même honorer le chemin.

Le chemin est une invitation, un acte de Foi sans cesse renouvelé. Il nous invite à rester dans le mouvement de la Vie. Parfois, il nous paraît sombre et effrayant, parfois nous nous sentons perdu·e·s et découragé·e·s et pourtant il nous faut continuer d'avancer sur notre chemin.

Si cette carte vient à toi, c'est peut-être pour te rappeler l'importance du chemin. Peut-être as-tu tendance à vouloir « aller plus vite que la musique », peut-être aimerais-tu être arrivé·e avant même d'être parti·e. C'est particulièrement fréquent à notre époque où nous aimons que tout soit facile et rapide, et obtenir ce que nous voulons sans patience ni effort. Si c'est le cas pour toi, alors souviens-toi que souvent le chemin EST le cadeau.

Si tu te sens fatigué·e et perdu·e sur ton chemin ou avant même de l'avoir emprunté, sache que tu trouveras toujours l'aide dont tu as besoin. Ce message est renforcé si tu as également tiré la carte « L'Étoile ». Garde la Foi et souviens-toi que :

« Dès que tu avances, le chemin apparaît. »

RÛMI

CONSEIL

Prends un temps de pause pour réfléchir à où tu en es sur ton chemin. Regarde tout le chemin que tu as déjà parcouru pour être là où tu en es aujourd'hui. Tu as déjà tellement avancé ! Prends le temps de ressentir de la gratitude pour cela. Honore ton chemin.

Si tu te sens fatigué·e, alors prends un instant pour souffler et te reposer. Il ne s'agit pas de s'immobiliser et encore moins de faire demi-tour, mais simplement de te reposer pour te reconnecter à ta force et ta Foi. Ensuite, reprends ton bâton de pèlerin et poursuis ton chemin.

Et si tu es pressé·e et impatient·e, alors visualise tes objectifs comme s'ils étaient déjà là, déjà réalisés avec certitude et plaisir puis engage-toi sereinement sur ton chemin en savourant chaque pas qui te rapproche de tes rêves.

27

La Source

MESSAGE

Je suis la Source de toute vie. Ton point d'origine.

Là où tout est Un.

Là où tout est Amour, Paix et Abondance.

Par ce message, je t'invite à te reconnecter à moi, à reprendre le chemin qui te ramène à moi.

Non dans un mouvement d'involution, non dans un retour en arrière. La Vie est évolution. Elle n'est pas cercle, mais spirale. Alors, je t'invite à te reconnecter à moi pour te souvenir d'où tu viens et qui tu es. Pour comprendre que rien n'est séparé.

Cette carte t'invite à revenir à ta propre source intérieure, à t'y ressourcer, t'y abreuver. À trop chercher à l'extérieur, tu t'épuises dans une quête infinie et stérile. Tu te perds dans des mirages, alors que tout est déjà en toi. La source de ce que tu cherches, que ce soit l'amour, l'abondance, la connaissance, la vie, etc., est déjà là. Alors, retrouve le chemin de la source qui jaillit au centre de ton être dans l'Espace sacré de ton Cœur divin. Nettoie, si cela est nécessaire, tout ce qui l'obstrue et l'empêche de déverser l'abondance de ses eaux sacrées en toi librement et laisse l'énergie de la Source divine s'écouler en toi, depuis toi, à travers toi.

Si tu tires aussi la carte « La Terre », nous attirons ton attention sur le fait de prendre plus (et mieux) soin de toi.

CONSEIL

Va méditer près d'une source sacrée.

Si cela n'est pas possible, fais une méditation durant laquelle tu visualises une source en toi et dis à voix haute : « Je me reconnecte à ma source intérieure. Tout est déjà en moi. La Vie jaillit depuis l'espace sacré de mon cœur. »

28

Le Cœur

MESSAGE

Ton cœur est ton seul guide. Ta boussole en ce monde. Il te met en lien avec ton âme et avec l'Esprit divin qui vit en toi.

Ton cœur sait. Là où ton mental cherche, ton cœur sait. Car ton cœur est l'interface entre ta part divine et ta part humaine incarnée.

Pour l'instant, tu crois encore trop que ton mental va te guider sur ton chemin. Mais c'est un leurre. Et ce leurre est le grand malheur de l'humanité.

Notre mental ne connaît pas la direction. Seul le cœur sait. Le mental doit être au service du cœur, son copilote, mais il ne doit en aucun cas avoir le contrôle. Bien souvent, notre mental devient notre tyran intérieur. Manipulateur, il fait de nous nos propres bourreaux, nos propres traîtres. N'en as-tu pas marre de te trahir toi-même ? De te mentir à toi-même ?

Si cette carte vient à toi, c'est qu'il t'est demandé de revenir à ton cœur. Peut-être n'as-tu pas l'habitude de l'écouter. Peut-être as-tu peur d'être blessé·e et tu as pris l'habitude de t'en méfier. Mais tu dois apprendre à te réconcilier avec lui, à faire connaissance avec lui et à lui laisser plus de place. Fais-lui confiance, car il connaît le bon chemin pour toi.

Si tu es face à un choix, cette carte te dit de suivre le choix de ton cœur, même si cela te paraît fou ou déraisonnable. Ce choix se présente à toi pour que tu t'engages avec joie et légèreté sur le chemin de ton cœur, ainsi tu seras comblé·e au-delà de ce que tu imagines.

CONSEIL

Centre-toi en toi-même et porte ton attention sur ton cœur. Dans une posture intérieure d'accueil et sans attentes, laisse-le t'exprimer ce qu'il a envie de te dire, te montrer. Cela peut être des mots, des sons, des images… Observe comment tu te sens.

Tu peux noter ce qui vient et prendre l'habitude de te connecter ainsi régulièrement à ton cœur afin d'apprendre à dialoguer avec lui. Quand ton esprit s'emballe, reviens à ton cœur et vois ce qu'il te dit. Et laisse-le avoir le dernier mot.

29

Avalon

MESSAGE

Il existe une terre sacrée, une terre qui nous relie au cœur de la terre, une terre qui harmonise les battements de nos cœurs avec ceux de la Mère divine.

De Gaïa à Vénus, en ce lieu nos cœurs ne font plus qu'un, comme un grand tambour sacré dont les battements ensemencent de Lumière et d'Amour chaque particule de l'Univers et le vide tout autour.

Cette terre, c'est Avalon.

Confetti sur la terre, mais portail sur l'Univers tout entier.

Terre sacrée. Maison. Foyer.

Là où tout se relie et s'unifie dans un grand feu d'Amour entouré d'Eaux sacrées.

Lieu de Connaissance et d'initiations.

Cette carte vient te dire qu'il est temps pour toi de commencer – ou poursuivre – ton chemin spirituel sur la Voie du Cœur.

Il te faut maintenant lever les voiles de ton Esprit pour accéder à la Connaissance de la grande *Sophia*, la Sagesse de la Mère divine qui est en toi.

C'est une Voie féminine et, quel que soit ton genre, il t'est demandé de quitter tes habitudes intellectuelles et spirituelles qui te font chercher la Connaissance à l'extérieur de toi à travers des livres et des concepts prêts à consommer, pour embrasser la Voie du Cœur qui te demande de lâcher prise et de ressentir véritablement. C'est en sentant que l'on sait vraiment. Le cœur sait au-delà des limitations de la compréhension du mental.

Les vergers d'Avalon – dont le nom signifie l'île aux pommes – t'attendent. Ose croquer dans le fruit défendu par ceux qui souhaitent nous maintenir dans l'ignorance et laisse sa saveur sucrée éveiller en toute simplicité la Connaissance qui existe déjà en toi. Tout est déjà là. Avalon vit en toi.

Cette carte te dit aussi que tu es prêt·e à t'engager dans une Voie initiatique spirituelle féminine.

CONSEIL

Si tu en as la possibilité, va en pèlerinage à Glastonbury pour te relier au plus près aux fréquences énergétiques d'Avalon.

Tu peux aussi aller à la rencontre d'Avalon dans le subtil grâce à une visualisation, méditation guidée ou voyage chamanique.

Si tu sens que cela résonne en toi, c'est le moment de t'engager sur une Voie initiatique spirituelle féminine qui te guidera sur la Voie du Cœur.

30

Les Brumes

MESSAGE

Avalon est entourée par les brumes. Elle est ainsi protégée, à l'abri des yeux du monde. Les brumes représentent autant la protection que l'initiation. Comme tous les mystères, il faut pouvoir en lever les voiles pour y accéder. Accéder aux mystères de la Connaissance derrière les voiles de nos illusions. Pour les traverser, il faut la Foi d'un cœur pur.

À l'image d'Avalon, il arrive toujours un moment (et même des moments) sur notre chemin spirituel où nous sommes perdu·e·s et où nous nous sentons seul·e·s, comme abandonné·e·s du Divin. Plus rien ne répond. Nous ne percevons plus de signes, ne ressentons plus nos guides. Ces moments sont des tests pour notre Foi. Parce que la

Source divine nous aime infiniment, elle nous fait confiance pour trouver notre chemin seul·e·s à travers les brumes. Telle une mère aimante qui lâche la main de son jeune enfant, sachant qu'il est capable de marcher seul.

Lorsque nous sommes dans les brumes, il est normal d'avoir peur. Cette carte vient à toi pour te demander de faire acte de Foi. Continue ton chemin ancré·e dans la puissance de ton cœur et bientôt les brumes se dissiperont.

En langue des oiseaux, la langue des alchimistes, le verbe « persévérer » se comprend « percez et vous verrez ». C'est le message de cet oracle.

CONSEIL

Pour t'aider à traverser sereinement les brumes d'Avalon, je te recommande de pratiquer des méditations d'ancrage et de centrage. Tu peux aussi faire appel aux énergies de la rose et de l'épée pour te soutenir.

31

L'Émeraude

MESSAGE

Je suis l'émeraude, pierre précieuse de guérison, née des entrailles de la terre, je suis un cadeau du Divin pour apaiser les cœurs en peine et les esprits torturés. Joyau de sagesse, de lumière et de vérité, je viens à toi pour te rappeler ta véritable nature. Je viens t'offrir ma médecine et te rappeler à l'unité en toi et en toutes choses. Souviens-toi que rien n'est séparé. Souviens-toi que ce qui est en bas est comme ce qui est en haut.

Si cette carte vient à toi, c'est que tu as besoin de ma médecine pour guérir ton cœur et apaiser ton esprit afin de trouver l'équilibre en toi qui te permettra un nouvel éveil. Je suis une clef qui t'ouvre les portes de ton être intérieur et te permet d'accéder à ta Vérité.

Ton cœur a besoin de guérison pour parvenir à plus de sagesse et de paix. L'agitation de ton cœur et de ton esprit ne fait que te perdre encore plus. Connecte-toi à mon énergie et tu trouveras le calme te permettant de trouver le Divin en toi et de t'unir à Son Esprit.

Le message de cette carte est renforcé si tu as également tiré la carte « L'Aubépine ».

CONSEIL

Pour te connecter à l'esprit de l'émeraude et bénéficier de sa médecine, tu peux en porter sur toi ou alors t'y connecter en la visualisant et en appelant en prière son énergie. Demande-lui de t'envelopper et de t'accompagner afin qu'elle puisse t'aider à trouver l'apaisement dont tu as besoin pour pouvoir guérir et ouvrir ton cœur.

32

La Prière

MESSAGE

La prière n'est pas une simple demande faite au Divin. C'est un appel, un cri du cœur, un acte de Foi.

En fait, et là est son secret, la prière est un Don. Une offrande d'Amour à la Vie, à l'Univers, à Dieu.

La prière est une communion avec le grand Tout, un acte sacré.

Prier, c'est entrer en relation avec le Divin, avec le Divin en Soi. Oui, en Soi : car au fond, la prière est un dialogue intérieur avec le Divin en Soi. La Source sait tout, sans que l'on n'ait rien à dire. Elle connaît mieux que nous-mêmes nos plus profonds désirs. Alors, lorsque l'on prie, c'est nous-mêmes que nous informons de nos désirs, c'est nos pensées que nous clarifions. Écoute tes prières et tu sauras ce que tu veux vraiment.

Écoute tes prières et tu verras là où tu donnes l'autorisation à la Source d'agir. Car nous cocréons en permanence notre réalité. Divin et humains, nous œuvrons ensemble. Jamais l'un sans l'autre, visible et invisible, que nous en soyons conscients ou pas. Pas de fatalité, pas de toute-puissance, le libre arbitre toujours respecté, nous tissons ensemble nos créations, nos manifestations.

« Demande et tu recevras. »

La prière est cette demande, ce dialogue conscient, cette preuve de notre Foi. Elle prouve notre confiance en un plus grand que Soi. Et elle ouvre en nous l'espace pour recevoir la Réponse divine, quelle qu'elle soit.

Si tu reçois ce message, c'est que tu es invité·e à nouer une nouvelle relation avec la prière.

Si tu pries déjà, cette carte t'apporte la confirmation que tes prières sont entendues et qu'elles seront exaucées de la meilleure des façons pour toi.

CONSEIL

Prends le temps de prier, que ce soit seul·e ou en groupe, chez toi, dans la nature ou dans un lieu sacré.

33

La Mort

MESSAGE

Je suis la mort, celle qui vient clore et mettre fin à une étape, quelque chose, quelqu'un…

Bien que je fasse peur, je fais partie de la Vie et je lui suis nécessaire afin de lui permettre de se renouveler.

Rien ne peut changer, rien ne peut naître, rien ne peut fleurir et grandir si cela n'est pas précédé de mon énergie. Je suis le principe nécessaire au cycle de la Vie.

Vie – Mort – Vie.

Éros et Thanatos.

La fin qui permet le commencement et rend ainsi le cycle de la vie éternel.

Si tu as tiré cette carte, c'est qu'il t'est demandé de mourir à quelque chose (une relation, un rêve, un projet, un état…). Tu dois accepter cette mort, accepter que quelque chose soit fini et ainsi entrer dans un véritable processus de deuil afin de pouvoir renaître à autre chose et accueillir ce que la vie a de neuf à t'offrir. Accepte aussi que cela prenne du temps. Toutes les saisons ont la même durée. Il faut laisser passer l'hiver entre le déclin de l'automne et la renaissance du printemps. En vivant pleinement ce deuil, tu vas créer de nouvelles bases solides pour ce qui ne demande qu'à se manifester dans ta vie.

CONSEIL

Les rituels sont très importants pour bien vivre les différentes étapes de passage de nos existences. Chaque mort est un passage d'un état à un autre, alors quel que soit ce que tu as perdu, quel que soit ce à quoi tu dois mourir, prends le temps d'effectuer un rituel pour marquer solennellement ce passage, te soutenir et te permettre de vivre ton deuil.

34

La Flamme Violette

MESSAGE

Je suis le feu alchimique de transmutation divine.

Je dissous les polarités pour les unifier et les harmoniser avec les plus hautes fréquences divines.

L'ombre ne peut me résister. J'alchimise, transmute et transforme tout ce qui est moins que divin.

Je suis la magie de Merlin qui s'active en toi pour accompagner ta guérison et ton évolution.

Si ce message vient à toi, c'est que tu as besoin de purifier, équilibrer et harmoniser tes énergies et/ou tes relations. Il est temps de transmuter tes fréquences égotiques vers tes plus hautes fréquences divines possibles à ce stade de ton évolution.

Tu es prêt·e pour passer une étape dans ton évolution ou il est temps de faire évoluer certaines de tes relations selon le Plan divin (ce qui peut être différent de ta volonté).

Fais confiance à ce qui t'est proposé. Il est temps de transmuter l'ombre en lumière pour le plus grand bien de toutes les personnes impliquées, y compris toi-même.

CONSEIL

Visualise autour de toi une lumière violette et récite trois fois à voix haute la phrase suivante :

« J'appelle à moi l'esprit de Merlin et je demande l'activation en moi-même, sur tous les plans, dans tous les aspects de ma vie et dans toutes mes relations, de la flamme violette de transmutation divine afin de transformer tout ce qui est moins que divin. Amen. »

Pour une relation, tu peux dire la phrase suivante :

« J'active la puissance de la flamme violette de transmutation divine sur ma relation avec [X] afin de transmuter dans nos liens tout ce qui est moins que divin et d'harmoniser notre relation pour notre plus grand bien selon la Volonté divine. Amen. »

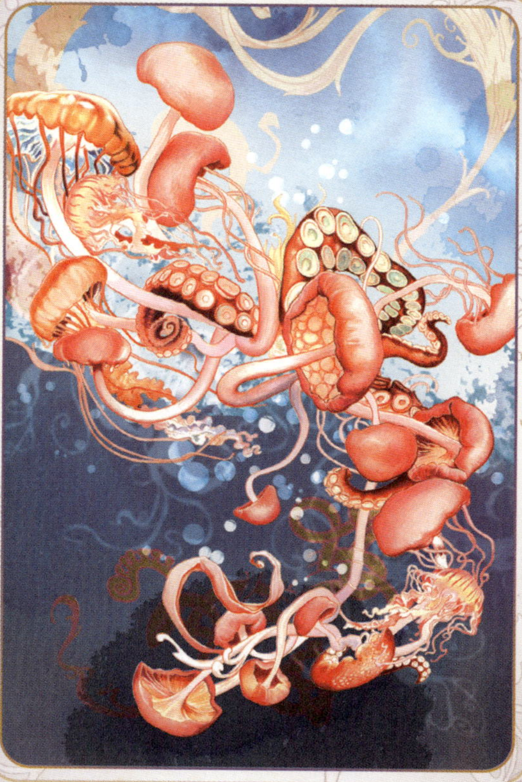

35

Synergie

MESSAGE

Je suis la synergie et je suis venue t'apporter un message important : l'heure est venue pour toi de fusionner avec l'Esprit divin en toi et de ne faire plus qu'Un avec le grand Tout.

Soit tu as déjà parcouru un long chemin dans l'œuvre alchimique, soit il t'est demandé de la commencer sans tarder, mais quoi qu'il en soit, le moment est venu, car ta conscience est prête à s'éveiller à plus d'Unité.

Tu peux désormais te préparer à vivre ton Union sacrée intérieure et renaître à une nouvelle identité plus alignée avec ta fréquence Source.

Fusionner peut paraître effrayant, car cela demande la dissolution de l'ego et de cette identité à laquelle nous sommes attachés. Pourtant, cette perte n'est pas un moins mais un plus. Comme lors de la fusion des deux gamètes qui a permis l'émergence d'une nouvelle vie, la tienne et celle de milliards d'êtres vivants.

La synergie, c'est la fusion de deux principes pour créer un autre principe plus grand que soit, une trinité sacrée (1 + 1 = 3). Il ne s'agit pas de disparaître dans l'autre (ou tout autre principe de vie), mais de fusionner avec cet autre pour créer une autre réalité, une réalité augmentée.

Aujourd'hui, la clef de ton évolution est dans la synergie/fusion en toi-même de tous les principes qui te composent. Union entre le haut et le bas, l'obscur et le clair, le féminin et le masculin, le divin et l'humain.

CONSEIL

Tu peux répéter plusieurs fois par jour et si possible à voix haute la phrase suivante :

« Je fusionne avec l'Esprit divin en moi, et par la synergie de mes polarités contraires, je renais à une nouvelle conscience et une nouvelle vie au sein de cette incarnation. Amen. »

36

La Flamme sacrée d'Avalon

MESSAGE

Je suis le feu sacré de la Foi et de l'Amour.

Je suis le feu de la Vérité et de la Connaissance.

Je suis l'initiation qui ouvre et éclaire le chemin de la Voie du Cœur.

Je suis l'âme d'Avalon, son Essence christique originelle.

Loin des fables, des légendes, des petites et grandes Histoires de notre humanité.

Je suis.

Féminin et masculin unifiés dans l'Amour.

Fréquence des couples sacrés.

Feu divin d'Amour, énergie de guérison, de réconciliation et d'union.

Reçois ma bénédiction.

Je viens à toi pour t'inviter à ouvrir ton cœur. À l'ouvrir encore plus grand qu'il ne l'est déjà, afin qu'il puisse rayonner sans aucune limite, sans aucune restriction. Tout au long de notre vie et à travers toutes nos vies, nous avons appris à protéger notre cœur, à le dissimuler sous des armures, des cuirasses, des murailles. Croyant nous protéger, nous nous blessons encore plus. Nous nous blessons les uns les autres et nous nous blessons nous-mêmes.

La Flamme sacrée d'Avalon vient t'informer qu'il est temps de faire la paix en toi et de créer un espace de guérison pour ton cœur. Un espace de réconciliation aussi où ton féminin et ton masculin intérieurs peuvent se rencontrer et s'unir dans l'Amour, depuis le cœur et au service du cœur.

Il est temps de t'engager envers toi dans l'Amour et de cesser d'être en guerre avec toi-même.

Il est temps de t'ouvrir à ta puissance d'Amour et de cesser d'avoir peur de ce feu qui vit en toi.

Deviens ce foyer d'Amour. Pour toi-même d'abord. Pour retrouver ta confiance en toi, en l'autre et en la vie. Puis deviens un foyer d'Amour pour le monde. Ouvre la Voie. Éclaire le chemin. Sois cette flamme d'amour qui transforme tout dans la Joie.

CONSEIL

Connecte-toi en pensées à la Flamme sacrée d'Avalon et demande-lui de te guider pour la guérison et l'ouverture de ton cœur.

Tu peux aussi contacter un gardien ou une gardienne de la Flamme sacrée d'Avalon pour recevoir la Bénédiction Cœur Avalon.

Peut-être que cette carte est la confirmation d'un appel que tu ressens à suivre la Voie initiatique de la Rose sacrée d'Avalon et à devenir gardien·ne de cette Flamme sacrée. Si c'est le cas, tu trouveras des informations à la fin de ce livret.

Informations sur la Bénédiction Cœur Avalon et l'initiation de la Rose sacrée d'Avalon

Début 2019, j'ai reçu en canalisation directe une énergie christique unifiée appelée Flamme sacrée d'Avalon, ainsi que le protocole pour la donner en bénédiction : la Bénédiction Cœur Avalon.

Cette bénédiction permet une guérison et une ouverture du cœur, ainsi que l'unification des polarités féminine et masculine dans les fréquences d'amour christique.

Pour que d'autres personnes puissent offrir cette Bénédiction, j'initie des hommes et des femmes dans un processus spirituel alchimique afin de les préparer à devenir des gardiens et gardiennes de la Flamme sacrée d'Avalon. La médecine de la Rose est également transmise durant cette initiation.

Pour plus d'informations, je vous
invite à consulter mon site Internet :
www.charlotte-granet.com

Charlotte

À propos de l'autrice

Charlotte Granet est thérapeute et accompagnante holistique, prêtresse sur la Voie des Madeleine.

Elle est la gardienne de la Flamme sacrée d'Avalon qu'elle a reçue en canalisation directe en 2019. Elle a créé le chemin initiatique de la Rose sacrée d'Avalon sur lequel elle accompagne hommes et femmes à renouer avec l'énergie christique originelle et sur lequel elle transmet la médecine de la rose et de la Flamme sacrée d'Avalon.

Elle pratique également des soins énergétiques et chamaniques, des onctions sacrées, des rituels et utilise le tarot de Marseille lors de guidances psycho-initiatiques, ainsi que les élixirs floraux

Éternelle chercheuse sur la Voie du Cœur, alchimiste dans l'âme et de l'âme, en quête de vérité et de liberté, son essence est profondément «Wild & Free», d'où le nom de son entreprise «Wild & Free Academy».

Infos :

www.charlotte-granet.com

Wild & Free Academy

@wildandfree.academy

La Tribu Wild & Free by Charlotte Granet

À propos de l'illustrateur

Brucero est un passeur utilisant le langage graphique qu'est la peinture pour nous emmener vers l'autre monde.

Peintre du monde celtique et féerique, son univers coloré et poétique rend grâce aux esprits de la nature, de Brocéliande à Avalon. Il manie des techniques traditionnelles à l'eau comme l'acrylique et l'aquarelle avec un souci du détail qui insuffle à ses créations une matérialité forte. Peaux diaphanes, végétaux exubérants, ailes éthérées, regards à fleur d'âme… Par un travail méticuleux, cet artiste lève le voile sur des mondes imaginaires, oniriques, fantasmagoriques inspirés par les nombreux contes et légendes de la Bretagne où il réside.

Artiste, messager, fileur d'histoires, alchimiste de l'image, magicien des couleurs.

Il est l'Alchimage.

À découvrir:

Aux éditions Glénat: *Le Livre secret de Merlin; À la recherche de la Mandragore; Druiz, la prophétie perdue*

Aux éditions Ouest France: *L'Oracle du Druide*

Infos:

www.brucero.fr

BRUCERO

@Brucero_art2

1
La Rose

3
Le Pommier

4
L'Armoise

6
La Morelle

7
La Belladone

8
La Mandragore

9
La Terre

10
L'Air

11
Le Feu

12
L'Eau

13
L'Éther

14
Le Roi

17
La Coupe

18
L'Épée

19
Le Corbeau

20
La Licorne

21
Le Lion

22
Le Phénix

23
Le Soleil

24
La Lune

25
L'Étoile

26
Le Chemin

27
La Source

28
Le Cœur

29
Avalon

30
Les Brumes

32
La Prière

33
La Mort

34
La Flamme Violette

35

Synergie